AF221774

Impressum
Verlag: BABADADA GmbH, Nedderfeld 112 , 22529 Hamburg
Geschäftsführer / Verlagsleitung: Harald Hof
Druck: Books on Demand GmbH, In de Tarpen 42, 22848 Norderstedt

Imprint
Publisher: BABADADA GmbH, Nedderfeld 112 , 22529 Hamburg, Germany
Managing Director / Publishing direction: Harald Hof
Print: Books on Demand GmbH, In de Tarpen 42, 22848 Norderstedt, Germany

# училище
## اسکول

класна стая
کمرہ جماعت
деление
تقسیم کریں
186/2
черна дъска
بورڈ
училищен двор
سکول کا صحن
учител
اُستاد
хартия
کاغذ
пиша
химикал
قلم
бюро
میز
линеал
پیمانہ
книга
کتاب
ученик
شاگرد

ученическа раница
.................
بستہ

ученически несесер
.................
پینسل کیس

молив
.................
پینسل

острилка за моливи
.................
پینسل شارپنر

гума
.................
ربڑ

блок за рисуване
.................
ڈرائنگ پیڈ

2 училище - اسکول

рисунка

ڈرائنگ

четка

پینٹ برش

акварелни бои

پینٹ باکس

ножица

قینچی

лепило

گوند

тетрадка за упражнения

مشق کی کاپی

домашна работа

ہوم ورک

число

ہندسہ

събиране

جمع کریں

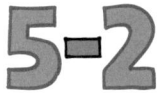

изваждане

منفی کریں

умножение

ضرب دیں

смятане

شمار کریں

буква

خط

азбука

حروف تہجی

дума

لفظ

текст

متن

чета

پڑھنا

тебешир

چاک

час

سبق

дневник на класа

اندراج

изпит

امتحان

свидетелство

سند

ученическа униформа

سکول یونیفارم

образование

تعلیم

справочник

انسائیکلوپیڈیا

университет

یونیورسٹی

микроскоп

خورد بین

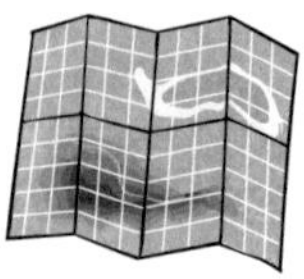

карта

نقشہ

кошче за хартиени отпадъци

ویسٹ پیپرباسکٹ

# пътуване

## سفر

хотел
ہوٹل
хостел
ہاسٹل
обменно бюро
رقم تبدیل کرانے کیلئے دفتر
куфар
سوٹ کیس
кола
کار

език

زبان

да / не

ہاں / نہیں

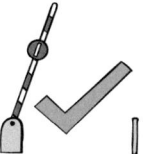

Окей

ٹھیک ہے

здравей

ہیلو

преводач

مُترجم

Благодаря

شُکریہ

Колко струва…?

؟ کی کیا قیمت ہے ....

Не разбирам

میں نہیں سمجھتا

проблем

مشکل

Добър вечер!

شام بخیر!

Добро утро!

صبح بخیر!

Лека нощ!

شب بخیر!

довиждане

الوداع

посока

سمت

багаж

سفری سامان

пътна чанта

بیگ

раница

بیگ پیک

посетител

مہمان

стая

کمرہ

спален чувал

سلیپنگ بیگ

палатка

ٹینٹ

туристическа информация

سياحوں کے لئے معلومات

плаж

ساحل

кредитна карта

کریڈٹ کارڈ

закуска

ناشتہ

обед

لنچ

вечеря

ڈنر

билет

ٹکٹ

асансьор

لفٹ

пощенска марка

مُہر

граница

سرحد

митница

کسٹمز

посолство

سفارت خانہ

виза

ویزا

паспорт

پاسپورٹ

# транспорт

## نقل وحمل

кораб
سمندری جہاز
самолет
ہوائی جہاز
пожарна кола
آگ بُجھانےوالی گاڑی
автобус
بس
товарен автомобил
ٹرک
моторна лодка
موٹربوٹ
кола
کار
велосипед
سائیکل

ферибот

فیری

лодка

کشتی

мотоциклет

موٹرسائیکل

полицейска кола

پولیس کار

състезателна кола

ریسنگ کار

кола под наем

کرایہ پرکار

каршеринг

کار کا اشتراک کرنا

автомобил от "Пътна помощ"

کھینچنے والا ٹرک

сметовоз

کوڑے والا ٹرک

двигател

کار

бензин

ایندھن

бензиностанция

پٹرول اسٹیشن

пътен знак

ٹریفک کے نشانات

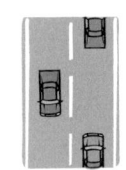

улично движение

ٹریفک

задръстване

ٹریفک جام

паркинг

کار پارک

гара

ٹرین اسٹیشن

релси

پٹڑیاں

влак

ٹرین

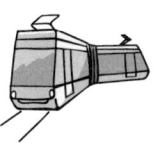

трамвай

ٹرام

вагон

ویگن

хеликоптер

ہیلی کاپٹر

аерогара

ائرپورٹ

кула

ٹاور

пасажер

مسافر

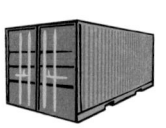

контейнер

کنٹینر

кашон

ڈبہ

ръчна количка

ریڑھا

кошница

ٹوکری

излитам / приземявам се

اڑان بھرنا / زمین پراُترنا

# град

## شہر

село

گاؤں

градски център

سٹی سنٹر

къща

مکان

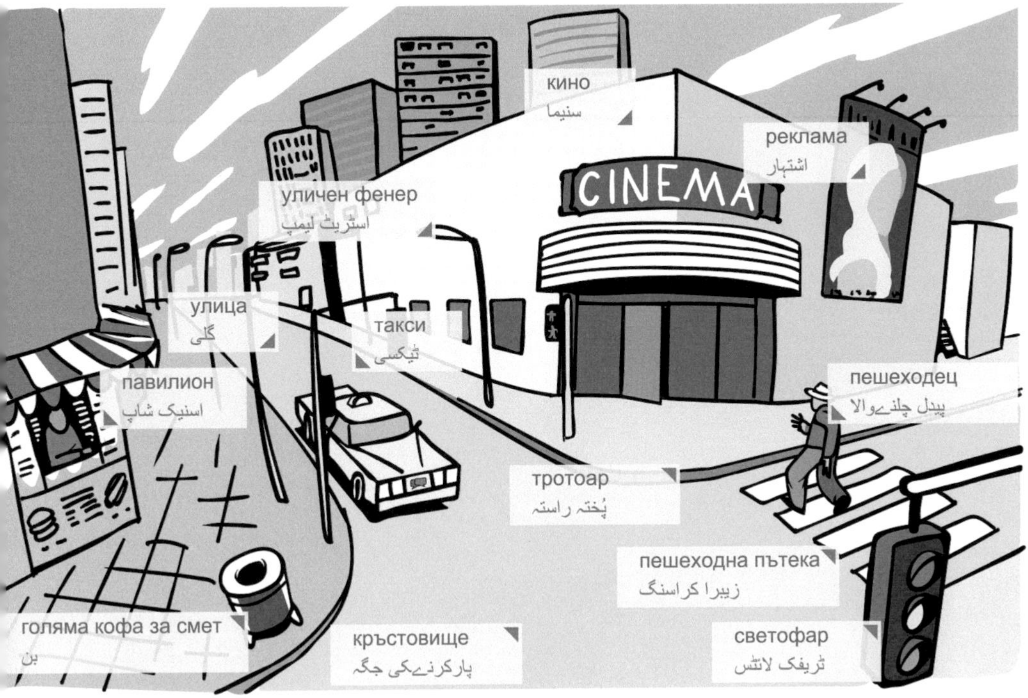

CINEMA
кино
سنیما
реклама
اشتہار
уличен фенер
اسٹریٹ لیمپ
улица
گلی
такси
ٹیکسی
павилион
اسنیک شاپ
пешеходец
پیدل چلنے والا
тротоар
پُختہ راستہ
пешеходна пътека
زیبرا کراسنگ
голяма кофа за смет
بن
кръстовище
پارکرنے کی جگہ
светофар
ٹریفک لائٹس


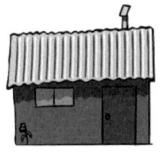

хижа

ہٹ

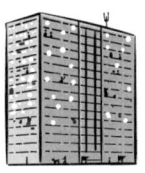

жилище

فلیٹ

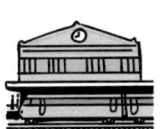

гара

ٹرین اسٹیشن

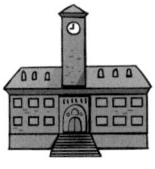

кметство

ٹاؤن ہال

MUSEUM


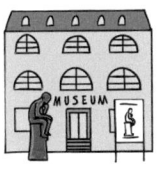

музей

عجائب گھر

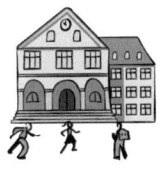

училище

اسکول

университет

یونیورسٹی

банка

بینک

болница

ہسپتال

хотел

ہوٹل

аптека

فارمیسی

офис

دفتر

книжарница

کتابوں کی دکان

магазин за цветя

دکان

магазин за цветя

پھولوں کی دُکان

супермаркет

سُپرمارکیٹ

пазар

مارکیٹ

универсален магазин

ڈیپارٹمنٹ سٹور

търговец на риба

مچھلی کی دُکان

търговски център

شاپنگ سنٹر

пристанище

بندرگاہ

парк

پارک

пейка

بنچ

мост

پُل

стълба

سیڑھیاں

метро

انڈرگراؤنڈ

тунел

سرُنگ

автобусна спирка

بس اسٹاپ

бар

شراب خانہ

ресторант

ریسٹورنٹ

пощенска кутия

پوسٹ باکس

улична табелка

اسٹریٹ سائن

часовник за паркинг престой

پارکنگ میٹر

зоологическа градина

چڑیا گھر

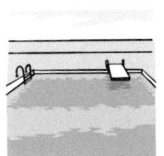

плувен басейн

سوئمنگ پول

джамия

مسجد

селски двор

کھیت

замърсяване на околната среда

آلودگی

гробище

قبرستان

църква

چرچ

детска площадка

کھیل کا میدان

храм

مندر

# пейзаж

## منظر

листо
پتہ
пътепоказател
رہنمائی کے لئے لگا ہوا بورڈ
път
راستہ
ливада
سبزہ زار
камък
پتھر
пътешественик
پیدل چلنے والا، ہائکر
дърво
درخت
река
دریا
трева
گھاس
цвете
پھول

долина

وادی

планина

پہاڑی

море

جھیل

гора

جنگل

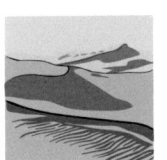

пустиня

صحرا

вулкан

آتش فشاں

замък

قلعہ

дъга

قوس قزح

гъба

کھمبی

палма

کجھورکا درخت

комар

مچھر

муха

مکھی

мравка

چیونٹی

пчела

مکھی

паяк

مکڑا

бръмбар

بھونرا

жаба

مینڈک

катеричка

گلہری

таралеж

خارپُشت

заек

خرگوش

кукумявка

اُلو

птица

پرندہ

лебед

راج ہنس

диво прасе

سؤر

елен

ہرن

лос

امریکی بارہ سنگھا

бент

ڈیم

вятърна турбина

ہوا سے چلنے والی ٹربائین

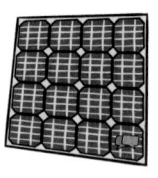

соларен модул

سولر پینل

климат

آب وہوا

# ресторант
# ریسٹورنٹ

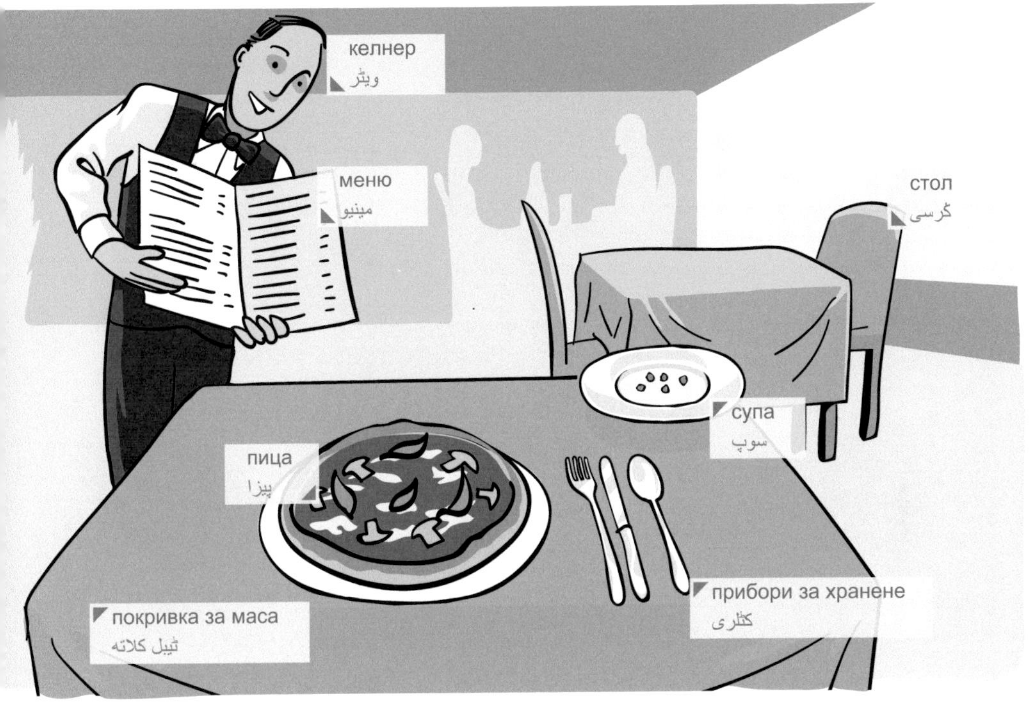
келнер
ویٹر
меню
مینیو
стол
کُرسی
супа
سوپ
пица
پیزا
прибори за хранене
کٹلری
покривка за маса
ٹیبل کلاتھ

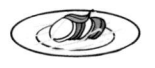

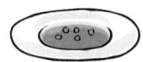

предястие

اسٹارٹر

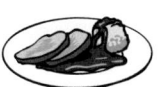

основно ястие

مین کورس

десерт

ڈیزرٹ

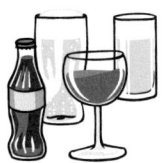

напитки

مشروبات

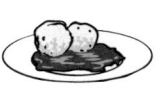

ядене

کھانے کی اشیاء

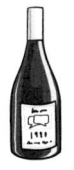

бутилка

بوتل

бързо хранене

فاسٹ فوڈ

улична храна

اسٹریٹ فوڈ

кана за чай

چائےدانی

кутия за захар

شوگرباکس

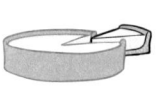

порция

حصہ

еспресо машина

ایسپریسو مشین

висок детски стол

اونچی کرسی

сметка

بل

табла

ٹرے

ножица за нокти

چھُری

вилица

کانٹا

лъжица

چمچ

чаена лъжичка

چائےکا چمچ

салфетка

سروینیٹی

стъклена чаша

شیشہ

ресторант - ریسٹورنٹ

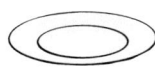

чиния

پلیٹ

чиния за супа

سوپ پلیٹ

чинийка

طشتری

сос

چٹنی

солница

سالٹ شیکر

мелничка за черен пипер

پیپرمل

оцет

سرکہ

олио

خوردنی تیل

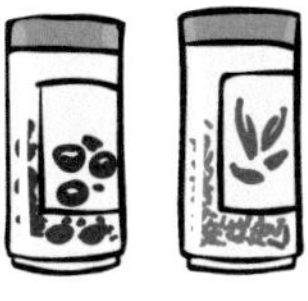

подправки

مصالحے

кетчуп

کیچپ

горчица

سرسوں

майонеза

میئونیز

ресторант - ریسٹورنٹ 19

# супермаркет

## سُپرمارکیٹ

оферта
خصوصی پیشکش
FOR
клиент
گاہک
млечни продукти
ڈیری
плодове
پھل
количка за покупки
ٹرالی

кланица

گوشت کی دُکان

хлебарница

بیکری

тегля

وزن کرنا

зеленчуци

سبزیاں

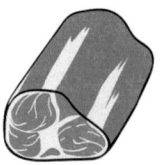

месо

گوشت

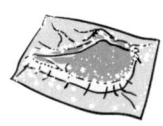

дълбоко замразена храна

جما ہوا کھانا

нарязан колбас или сирене

کولڈ کٹس

консерви

ڈبے میں بند کھانا

перилен препарат

واشنگ پاؤڈر

лакомства

مٹھائیاں

домакински изделия

گھریلو مصنوعات

почистващи препарати

صاف کرنے کیلئے مصنوعات

продавачка

سیلزپرسن

каса

کیش رجسٹر

касиер

کیشئیر

списък на покупките

خریداری کی فہرست

работно време

اوقات کار

портфейл

بٹوہ

кредитна карта

کریڈٹ کارڈ

чанта

تھیلا

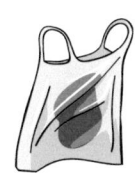

пластмасова торба

پلاسٹک کے تھیلے

# напитки
## مشروبات

вода

پانی

сок

جوس، رس

мляко

دودھ

кола

کوک

вино

وائن

бира

بیئر

алкохол

الکوحل

какао

کوکوآ

чай

چائے

кафе машина

کافی

еспресо

ایسپریسو

капучино

کیپاچینو

# ядене

## کھانےکی اشیاء

банан

کیلا

ябълка

سیب

портокал

مالٹا

пъпеш

خربوزہ

лимон

لیموں

морков

گاجر

чесън

لہسن

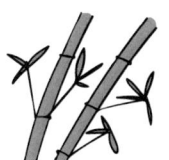

бамбук

بانس

лук

پیاز

гъба

کھمبی

ядки

اخروٹ، بادام وغیرہ

макарони

نوڈلز

спагети

اسپیگیٹی

ориз

چاول

салата

سلاد

пържени картофи

چپس

печени картофи

تلےگئےآلو

пица

پیزا

хамбургер

ہیم برگر

сандвич

سینڈوچ

шницел

کٹلیٹ

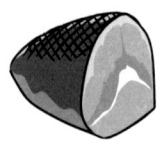

шунка

سؤرکی ران کا گوشت

траен колбас

گوشت کی اطالوی ساسیج

салам

ساسیج

пиле

مُرغی

печено

روسٹ

риба

مچھلی

овесени ядки

جئی کا دلیہ

мюсли

میوزلی

корнфлейкс

کارن فلیکس

брашно

آٹا

кроасан

کروئیسنٹ

хлебчета

بریڈ رول

хляб

بریڈ

препечена филийка

ٹوسٹ

бисквити

بسکٹ

масло

مکھن

извара

دہی

сладкиш

کیک

яйце

انڈا

яйца на очи

فرائی کیا گیا انڈہ

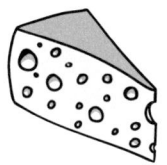

сирене

پنیر

сладолед

آئس کریم

захар

چینی

мед

شہد

мармалад

جام

нуга крем

ناؤگٹ کریم

къри

سالن

ядене - کھانے کی اشیاء

# селски двор

## کھیت

селска къща
فارم ہاؤس
плевня
کھلیان
бала сено
تنکوں کی گانٹھ
поле
кон
گھوڑا
ремарке
ٹریلر
трактор
ٹریکٹر
конче
گھوڑے کا بچہ
магаре
گدھا
овца
بھیڑ
агне
میمنہ

коза

بکری

крава

گائے

теле

بچھڑا

свиня

سؤر

прасенце

سؤر کا بچہ

бик

سانڈ

гъска

راج ہنس

патица

بطخ

пиленце

چوزہ

кокошка

مُرغی

петел

مُرغا

плъх

چوہا

котка

بلی

мишка

چوہا

вол

بیلچہ

куче

کُتا

кучешка колиба

کُتے کا گھر

градински маркуч

گارڈن پاؤس

лейка

پانی کا کین

коса

درانتی

плуг

ہل

сърп

درانتی

мотика

بیلچہ

вила за тор

ترنگل

брадва

کلہاڑا

ръчна количка

ہتہ گاڑی

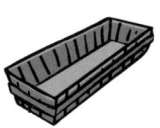

корито

حوض

съд за мляко

دودھ کا کین

чувал

تھیلا

ограда

باڑ

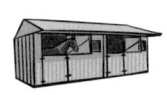

обор

اصطبل

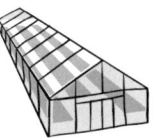

парник

گرین ہاؤس

земя

مٹی

сеитба

بیج

тор

فرٹیلائیزر

комбайн

کمبائن ہارویسٹر

жъна

فصل کاٹنا

реколта

فصل کاٹنا

ямс

افریقی آلو

жито

گندم

соя

سویا

картоф

آلو

царевица

مکئی

рапица

توریا کا تیل

овощно дърво

پھلداردرخت

маниока

کساوا

зърнени храни

دلیہ

# къща

# مکان

комин
چمنی
покрив
چھت
улук
نیچے جانے والا پائپ
прозорец
کھڑکی
гараж
گیراج
звънец
دروازے کی گھنٹی
врата
دروازہ
кофа за боклук
کوڑے کی ٹوکری
пощенска кутия
لیٹر باکس
градина
گارڈن

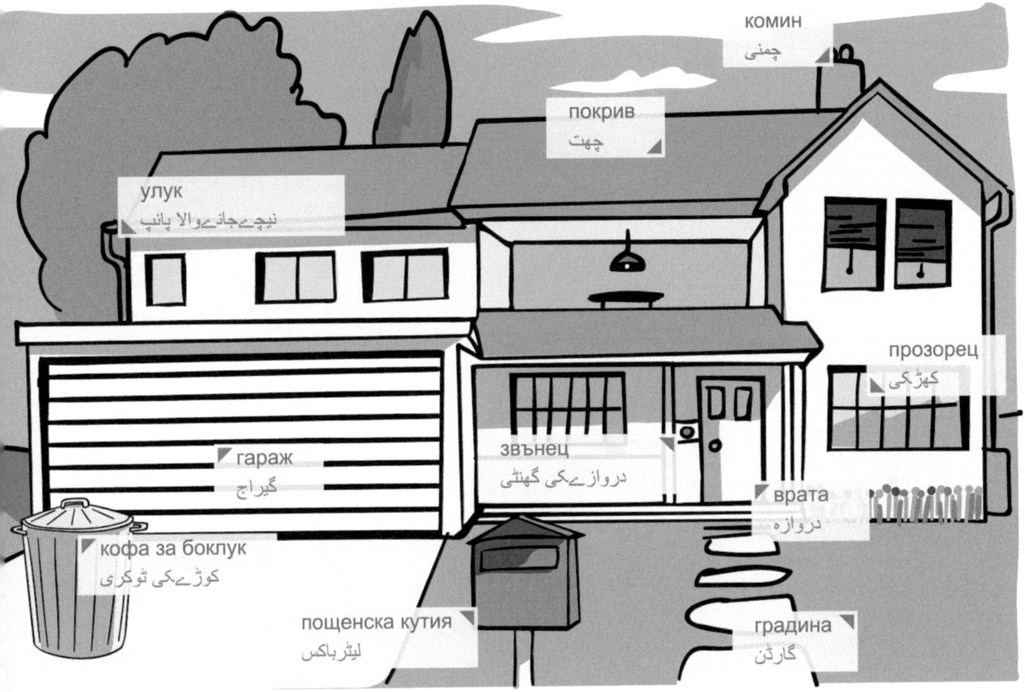

всекидневна

لوونگ روم

баня

غُسل خانہ

кухня

باورچی خانہ

спалня

بیڈروم

детска стая

بچوں کا کمرہ

трапезария

کھانے کا کمرہ

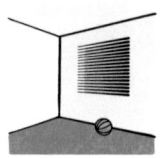

под

فرش

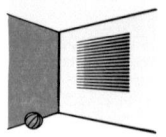

стена

دیوار

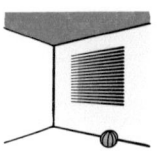

таван

چھت

изба

تہ خانہ

сауна

سوانا

балкон

بالکونی

тераса

ٹیریس

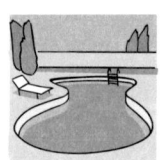

плувен басейн

پول

косачка

گھاس کاٹنے کی مشین

спално бельо

چادر

покривка за легло

چادر

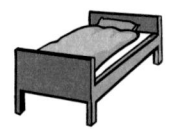

легло

بستر

метла

جھاڑو

кофа

بالٹی

електрически ключ

سوئچ

32

къща - مکان

# всекидневна
## لوونگ روم

тапет
وال پیپر
картина
تصویر
лампа
لیمپ
рафт
شیلف
шкаф
الماری
телевизор
ٹیلی ویژن
камина
آتش دان
цвете
پھول
възглавница
канапе
صوفہ
ваза
گلدان
дистанционно управление
ریموٹ کنٹرول

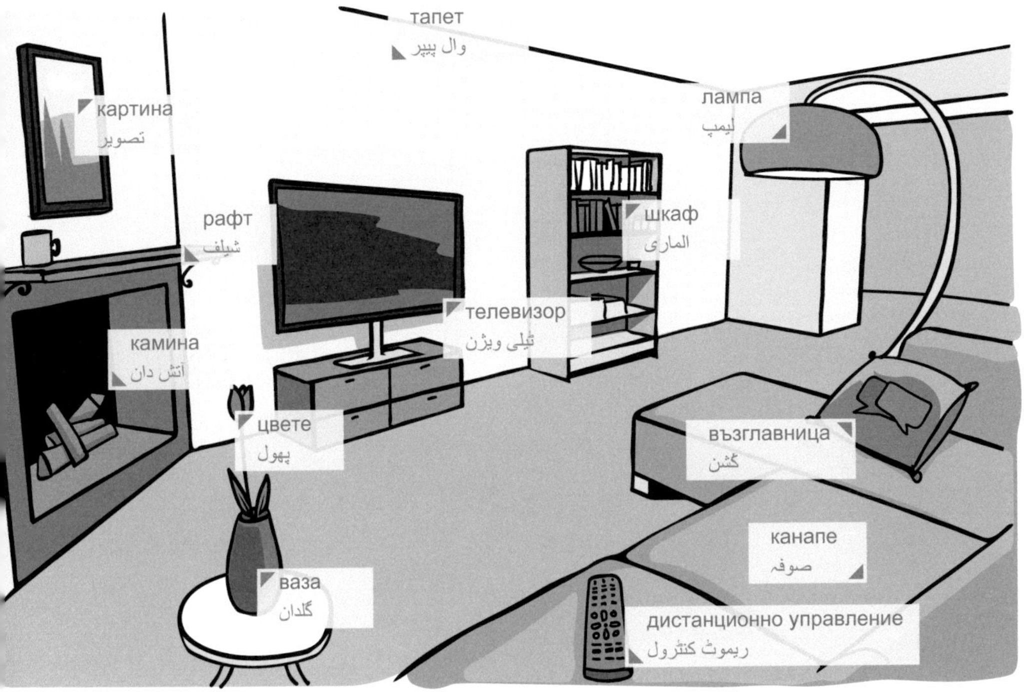

килим

قالین

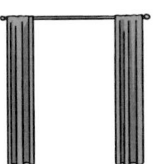

завеса

پردے

маса

میز

стол

کُرسی

люлеещ се стол

ہلنےوالی کُرسی

кресло

آرام کُرسی

книга

کتاب

одеяло

کمبل

декорация

آرائش

дърва за отопление

جلانےکی لکڑی

филм

فلم

стерео уредба

ہائی فائی

ключ

چابی

вестник

اخبار

живопис

پینٹنگ

постер

پوسٹر

радио

ریڈیو

бележник

نوٹ بُک

прахосмукачка

ویکیوم کلینر

кактус

کیکٹس

свещ

موم بتی

# кухня
# باورچی خانہ

хладилник
فرج
микровълнова фурна
مائیکرویواوون
кухненска везна
کچن اسکیل
тостер
ٹوسٹر
почистващо средство
کپڑےدھونےکا پاؤڈر
фурна
چولہا
хладилна камера
فریزر
кофа за боклук
کوڑےکی ٹوکری
миялна машина
ڈش واشر

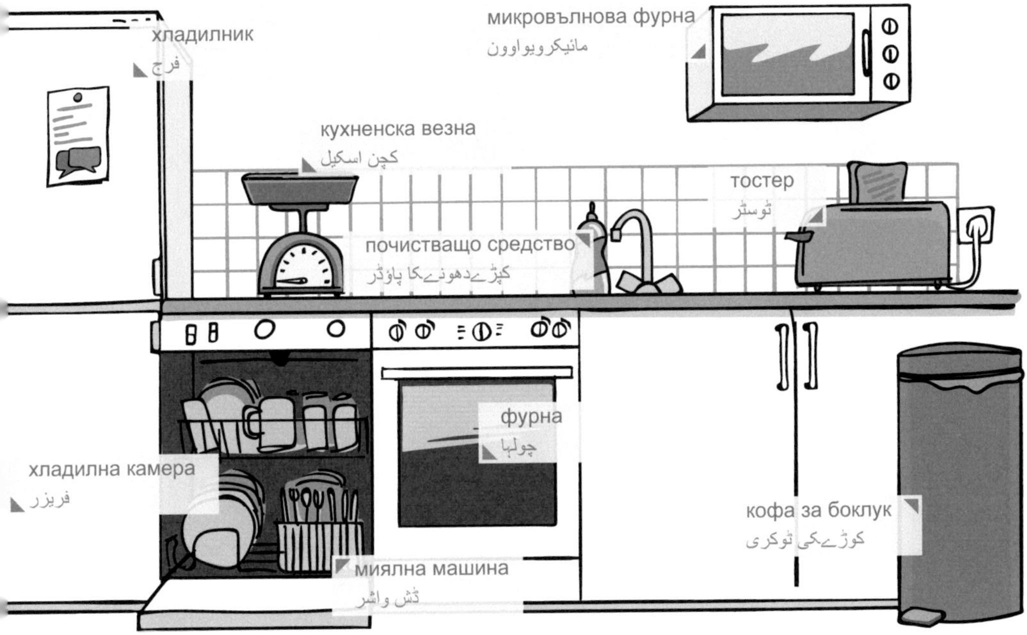

готварска печка

ڈکر

тенджера

برتن

желязна тенджера

لوہےکا برتن

уок / кадаи

کڑاہی

тиган

برتن

кана за затопляне на вода

کیتلی

уред за готвене на пара

استیمر

тава за печене

بیکنگ ٹرے

съдове

کراکری

чаша

مگ

купа

پیالہ

клечки за хранене

چاپ اسٹکس

черпак

ڈوئی

лопатка за тиган

کفچہ

тел за разбиване (на яйца, белтъци)

جھاڑودینا

кошница за варене

مقطر

гевгир

چھلنی

ренде

گریٹر

хаван

کونڈی

барбекю

باربی کیو

огнище

کھلی آگ

дъска

چاپنگ بورڈ

точилка

بیلن

тирбушон

کارک اسکریو

кутия

کین

отварачка за консерви

کین اوپنر

кухненска ръкохватка

برتن پکڑنے والا کپڑا

мивка

سنک

четка

برش

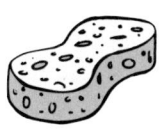

гъба

اسپونج

миксер

بلینڈر

фризер

ڈیپ فریز

бебешко шише

بچے کی بوتل

воден кран

ٹونٹی

# баня

## غُسل خانہ

отопление
хавлиена кърпа
تولیہ
душ
شاور
завеса за баня
شاورکرٹن
шампоан за вана
ببل باتھ
вана
باتھ ٹب
стъклена чаша
شیشہ
перална машина
واشنگ مشین
воден кран
ٹونٹی
плочки
ٹائلیں
гърне
پاٹی
мивка
سنک

тоалетна

ٹائلٹ

клекало

دوزانوں بیٹھنےوالی ٹائلٹ

биде

نچلاحصہ دھونےکیلئےپاٹ

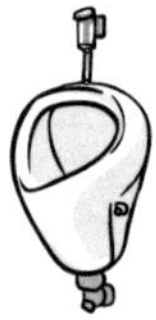

писоар

پیشاب گاہ

тоалетна хартия

ٹائلٹ پیپر

четка за тоалетна

ٹائلٹ برش

четка за зъби

ٹوتھ برش

паста за зъби

ٹوتھ پیسٹ

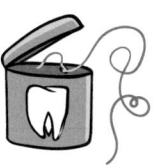

конец за зъби

ڈینٹل فلاس

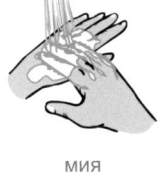

мия

دھونا

ръчен душ

ہینڈ شاور

интимен душ

شاور

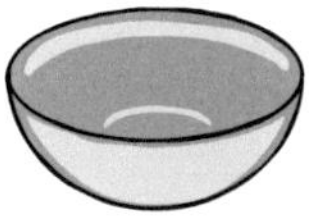

леген

بیسن

четка за гръб

بیک برش

сапун

صابن

душ гел

شاورجل

шампоан за вана

شیمپو

гъба за баня

فلالین

сифон

ڈرین

крем

کریم

дезодорант

ڈیوڈورنٹ

огледало

آئینہ

козметично огледало

ہاتھ میں پکڑا جانے والا آئینہ

ръчна самобръсначка

ریزر

пяна за бръснене

شیونگ فوم

одеколон за след
бръснене

آفٹرشیو

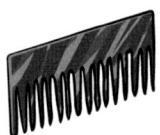

гребен

کنگھی

четка

برش

сешоар

ہیئر ڈرائر

спрей за коса

ہیئر اسپرے

грим

میک اپ

червило

لپ اسٹک

лак за нокти

نیل وارنش

памук

روئی

ножица за нокти

ناخن کاٹنے کی قینچی

парфюм

پرفیوم

тоалетна чантичка

واش بیگ

табуретка

پاخانہ

везна

وزن کرنے کی مشین

хавлия

باتھ روب

домакински ръкавици

ربڑ کے دستانے

тампон

ٹیمپون

дамски превръзки

سینیٹری ٹاول

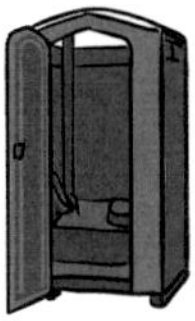

химическа тоалетна

کیمیکل ٹائلٹ

# детска стая
## بچوں کا کمرہ

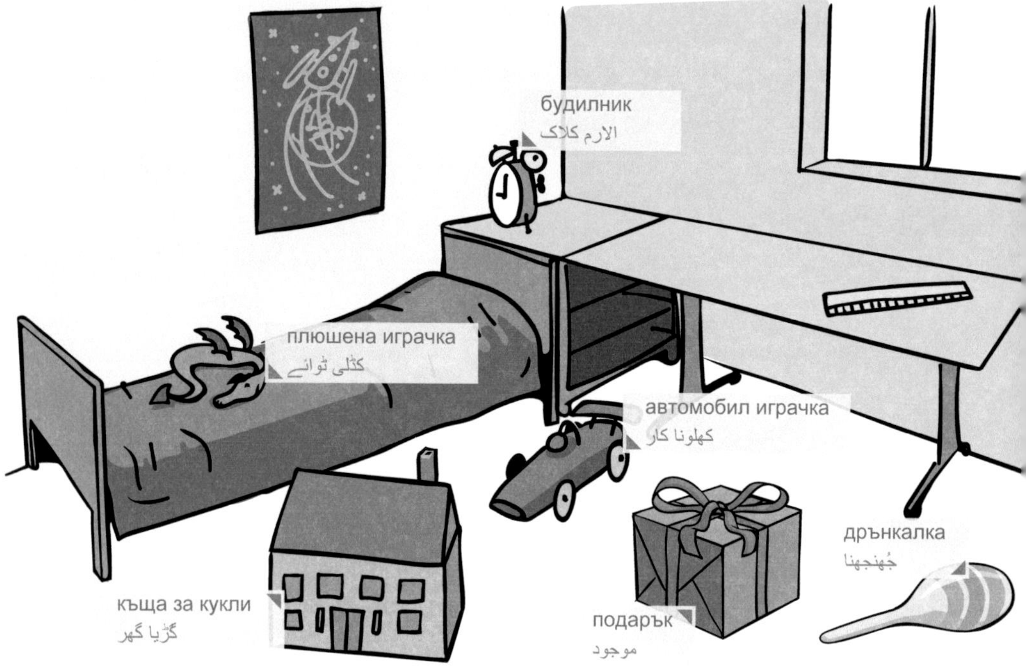

будилник
الارم کلاک
плюшена играчка
کڈلی ٹوائے
автомобил играчка
کھلونا کار
дрънкалка
جُھنجھنا
къща за кукли
گڑیا گھر
подарък
موجود


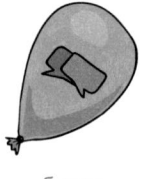

балон

غبارہ

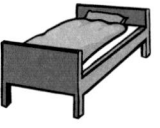

легло

بستر

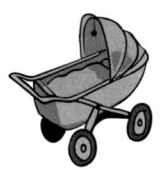

детска количка

پرام

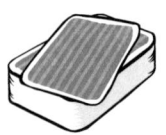

игра на карти

ڈیک آف کارڈز

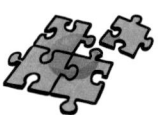

пъзел

جگسا

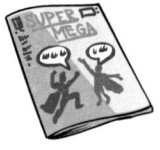

комикс

کامک

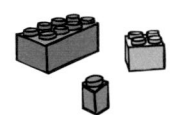

лего елементи

لیگوبرکس

строителни елементи

کھلونا بلاکس

екшън фигурка

ایکشن فگر

бебешки гащеризон

بچےکا لباس

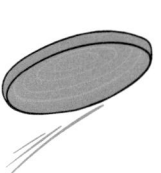

фрисби

فرسبی

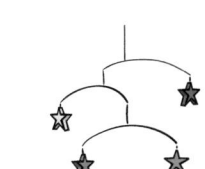

бебешки играчки за легло

کھلونا موبائل

настолна игра

بورڈ گیم

зарче

ڈائس

миниатюрно влакче

ماڈل ٹرین سیٹ

биберон

ڈمی

парти

پارٹی

детска книга с илюстрации

تصاویروالی کتاب

топка

گیند

кукла

گڑیا

играя

کھیلنا

пясъчник

سینڈ پٹ

люлка

جھولا جھولنا

играчка

کھلونے

игрова конзола

وڈیوگیم کنسول

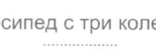

велосипед с три колелета

تین پہیوں والی سائیکل

плюшено мече

ٹیڈی بیئر

гардероб

کپڑوں کی الماری

# облекло

## لباس

къси чорапи

موزے

дълги чорапи

اسٹاکنگز

чорапогащник

ٹائٹس

шал
اسکارف

колан
بیلٹ

чадър
چھتری

Т-шърт
ٹی شرٹ

ботуши
بوٹ

пантофи
سلیپر

гуменки
اسنیکرز

сандали
سینڈل

обувки
جوتے

гумени ботуши
ربڑ کے بوٹس

слип
زیرجامہ

сутиен
بریزینیر

долна блуза
واسکٹ

облекло - لباس

45

боди

جسم

панталон

پتلون

дънки

جينز

пола

اسکرٹ

блуза

بلاؤز

риза

قمیض

пуловер

پُل اوور

суичър

سویٹر

блейзър

بلیزر

яке

جیکٹ

палто

کوٹ

дъждобран

رین کوٹ

костюм

کوئی خاص لباس

рокля

لباس

булчинска рокля

شادی کا لباس

костюм

سوٹ

нощница

نائٹ گاؤن

пижама

پائجامہ

сари

ساڑھی

кърпа за глава

سرپرلیا جانےوالا اسکارف

тюрбан

پگڑی

бурка

بُرقع

кафтан

کفتان

абая

عبایہ

бански костюм

تیراکی کا سوٹ

плувни шорти

ٹرنک

къс панталон

نیکر

анцуг

ٹریک سوٹ

престилка

اپرن

ръкавици

دستانے

копче

بٹن

очила

عینک

гривна

کنگن

верижка

ہار

пръстен

انگوٹھی

обеца

کانوں کی بالیاں

каскет

ٹوپی

закачалка

کوٹ ہینگر

шапка

ہیٹ

вратовръзка

ٹائی

цип

زپ

каска

ہیلمٹ

тиранти

بریسز

ученическа униформа

سکول یونیفارم

униформа

وردی

лигавник

بب

биберон

ڈمی

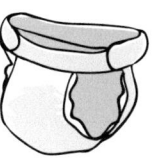

пелена

نیپی

## офис
### دفتر

сървър
سرور

шкаф за документи
فائلوں کی الماری

принтер
پرنٹر

монитор
مانیٹر

хартия
کاغذ

бюро
میز

мишка
ماؤس

папка
فولڈر

клавиатура
کی بورڈ

кошче за хартиени отпадъци
ویسٹ پیپرباسکٹ

компютър
کمپیوٹر

стол
کرسی

чаша за кафе

کافی مگ

джобен калкулатор

کیلکولیٹر

интернет

انٹرنیٹ

лаптоп

لیپ ٹاپ

писмо

خط

съобщение

پیغام

мобилен телефон

موبائل

мрежа

نیٹ ورک

ксерокс

فوٹوکاپئیر

софтуер

سافٹ ویئر

телефон

ٹیلی فون

контакт

پلگ ساکٹ

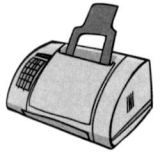

факс

فیکس مشین

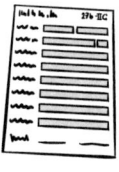

формуляр

فارم

документ

دستاویز

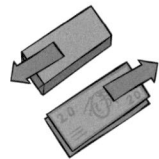

купувам

خریدنا

плащам

ادائیگی کرنا

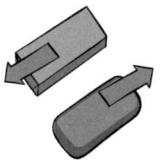

търгувам

تجارت کرنا

пари

رقم

долар

ڈالر

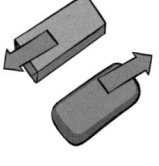

евро

یورو

йена

ین

рубла

روبل

швейцарски франк

سوئس فرانک

ренминби юан

رینمنیبی یوآن

рупия

روپیہ

банкомат

کیش پوائنٹ

обменно бюро

رقم تبدیل کرانے کیلئے دفتر

злато

سونا

сребро

چاندی

нефт

خام تیل

енергия

توانائی

цена

قیمت

договор

معاہدہ

данък

ٹیکس

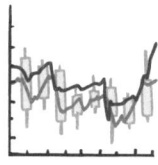

акция

اسٹاک

работя

کام کرنا

служител

ملازم

работодател

آجر

фабрика

فیکٹری

магазин за цветя

دکان

# професии

## پیشے

пожарникар
فائرمین
полицай
پولیس افسر
готвач
خانساماں، کُک
лекар
ڈاکٹر
пилот
پائلٹ

градинар

مالی

мебелист

ترکھان

шивачка

درزن

съдия

جج

химик

کیمسٹ

артист

اداکار

шофьор на автобус

بس ڈرائیور

шофьор на такси

ٹیکسی ڈرائیور

рибар

مچھیرا

чистачка

صفائی کرنےوالی عورت

майстор на покриви

چھت بنانےوالا

келнер

ویٹر

ловец

شکاری

художник

پینٹر

хлебар

بیکر

електротехник

الیکٹریشین

строителен работник

بلڈر

инженер

انجینئیر

касапин

قصائی

тенекеджия

پلمبر

пощальон

ڈاکیا

войник

سپاہی

архитект

آرکیٹیکٹ

касиер

کیشئیر

цветар

پھول بیچنے والا

фризьор

نائی

кондуктор

کنڈکٹر

механик

مکینک

капитан

کپتان

зъболекар

ڈینٹسٹ

научен работник

سائنسدان

равин

یہودی عالم

имàм

امام

монах

راہب

свещеник

پادری

# инструменти

## اوزار

клещи
پلائرز
чук
отвертка
پیچ کس
гаечен ключ
رینچ
джобна лампа
ٹارچ

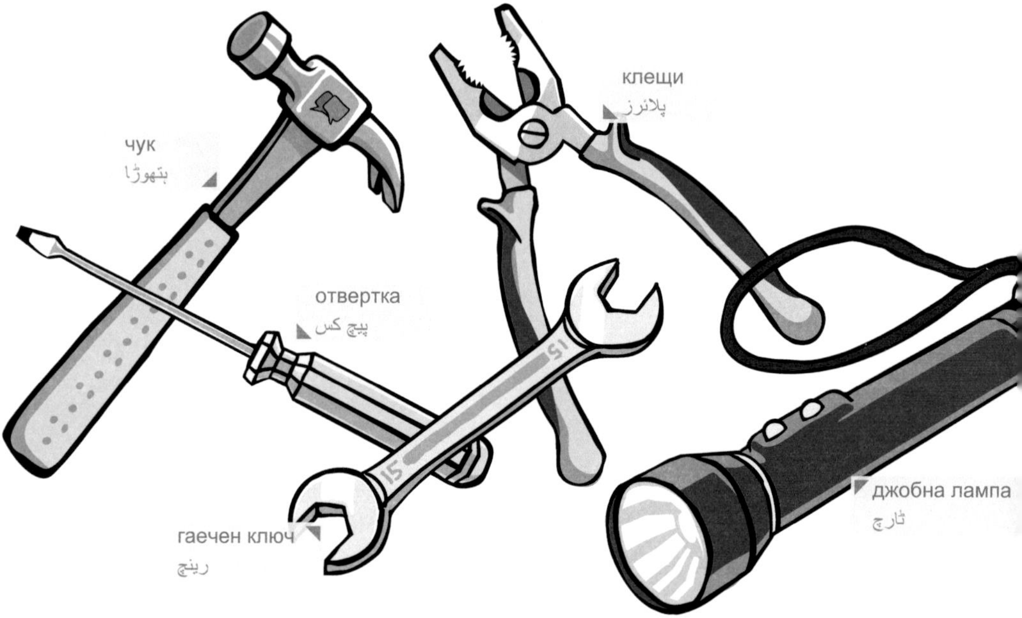

багер

ایکسکویٹر

кутия за инструменти

ٹول باکس

стълба

سیڑھی

трион

آری

пирони

کیل

бормашина

ڈرل

ремонтирам

مرمت کرنا

лопата

بیلچہ

По дяволите!

لعنت ہو!

лопатка за смет

ڈسٹ پین

кутия за боя

پینٹ پاٹ

болтове

پیچ

# музикални инструменти

## آلات موسیقی

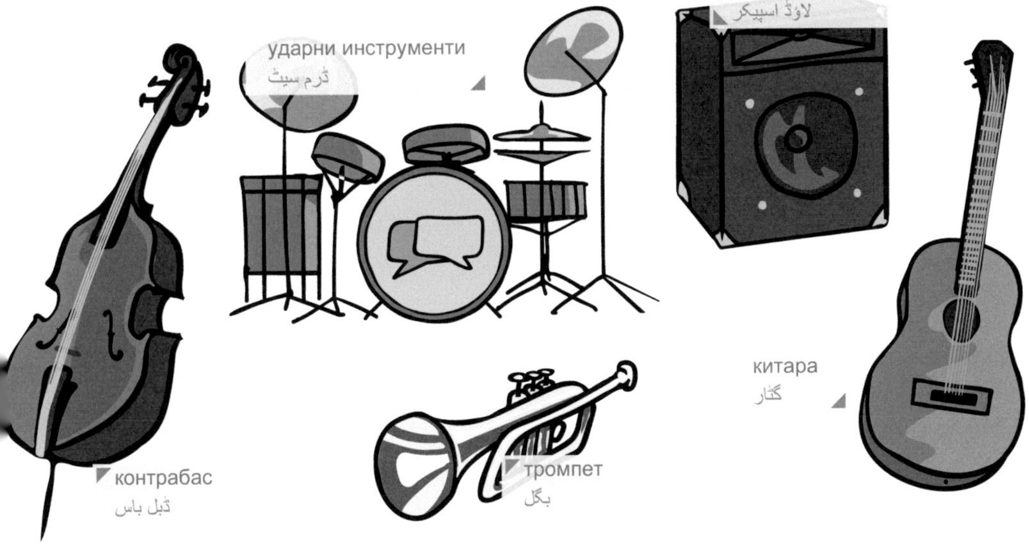

високоговорител
لاؤڈ اسپیکر
ударни инструменти
ڈرم سیٹ
китара
گٹار
контрабас
ڈبل باس
тромпет
بگل

пиано

پیانو

виолина

وائلن

контрабас

موسیقی کی آواز

тимпан

ٹمپانی

барабан

ڈھول، ڈرمز

електрическо пиано

کی بورڈ

саксофон

سیکسوفون

флейта

بانسری

микрофон

مائیکروفون

# зоологическа градина

## چڑیا گھر

вход
داخلے کا راستہ
тигър
چیتا
бръмбар
پنجرہ
зебра
زیبرا
храна за животни
جانوروں کا چارہ
панда
پانڈا

животни

جانور

слон

ہاتھی

кенгуру

کینگرو

носорог

گینڈا

горила

گوریلا

мечка

ریچھ

камила

اونٹ

щраус

شُترمُرغ

лъв

شیر

маймуна

بندر

фламинго

فلیمنگو

папагал

طوطا

бяла мечка

قطبی ریچھ

пингвин

کبوتر

акула

شارک

паун

مور

змия

سانپ

крокодил

مگرمچھ

пазач в зоологическа градина

چڑیا گھر کا محافظ

тюлен

سیل

ягуар

امریکی تیندوا

пони

ٹٹو

леопард

چیتا

хипопотам

دریائی گھوڑا

жираф

زرافہ

орел

عقاب

диво прасе

سؤر

риба

مچھلی

костенурка

کچھوا

морж

سمندری گھوڑا

лисица

لومڑی

газела

غزال برن

# спорт
## کھیلیں

американски футбол
امریکن فٹ بال
колоездене
سائیکلنگ
тенис
ٹینس
баскетбол
باسکٹ بال
плуване
پیراکی
бокс
باکسنگ
хокей на лед
آئس ہاکی

футбол
فٹ بال

бадминтон
بیڈمنٹن

лека атлетика
اتھلیٹکس

хандбал
ہینڈ بال

ски бягане
اسکیئنگ

поло
پولو

# дейности

## سرگرمیاں

ачам
چھلانگ ل
прегръщам
گلے لگانا
смея се
ہنسنا
вървя
چلنا
пея
گانا
сънувам
خواب دیکھنا
моля се
دُعا کرنا
целувам
چُومنا

пиша

لکھنا

рисувам

تصویرکشی کرنا

показвам

دکھانا

бутам

آگے کی طرف دھکیلنا

давам

دینا

взимам

لینا

имам

ركھنا

правя

كرنا

съм

ہونا

стоя

كھڑا ہونا

тичам

دوڑنا

дърпам

كھینچنا

хвърлям

پھینکنا

падам

گرنا

лежа

جھوٹ بولنا

чакам

انتظار كرنا

нося

اٹھانا

седя

بیٹھنا

обличам

ملبوس ہونا

спя

سونا

събуждам се

جاگنا

разглеждам

دیکھنا

плача

رونا

милвам

چوٹ لگانا

реша се

کنگھی کرنا

говоря

بات کرنا

разбирам

سمجھنا

питам

پوچھنا

слушам

مُتوجہ ہونا

пия

پینا

ям

کھانا

разтребвам

صاف کرنا

обичам

پیارکرنا

готвя

پکانا

карам автомобил

گاڑی چلانا

летя

اُڑنا

плавам (с платна)

بحری سفرکرنا

смятане

شمارکریں

чета

پڑھنا

уча

سیکھنا

работя

کام کرنا

женя се

شادی کرنا

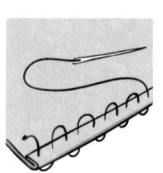

шия

سینا

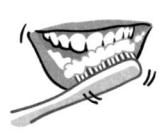

измивам си зъбите

دانت صاف کرنا

убивам

جان سے ماردینا

пуша

تمباکونوشی کرنا

изпращам

بھیجنا

# семейство

# خاندان

баба
دادی
дядо
دادا
баща
майка
ماں
бебе
طفل
дъщеря
بیٹی
син
بیٹا

посетител

مہمان

леля

چچی

чичо

چچا

брат

بھائی

сестра

بہن

چело
ماتہا

око
أنکہ

رامو
کندھا

пръст
انگلی

лице
چہرہ

брадичка
ٹھوڑی

ръка
باتھ

гърди
چھاتی

крак
ٹانگ

ръка
بازو

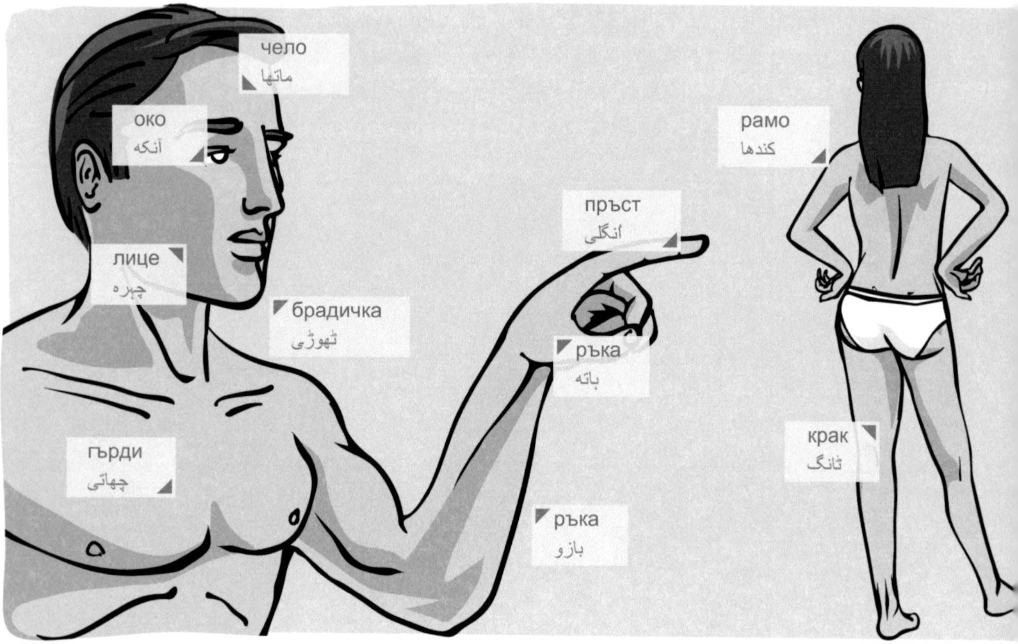

бебе

طفل

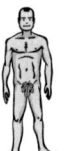

мъж

أدمی

жена

عورت

момиче

لڑکی

момче

لڑکا

глава

سر

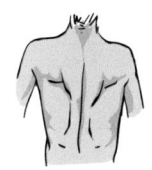

гръб

کمر

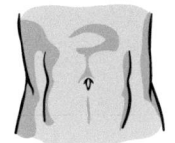

корем

پیٹ

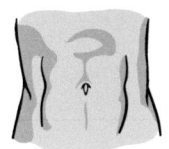

пъп

ناف

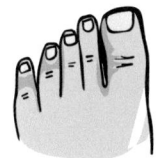

пръст на крака

پاؤں کا انگوٹھا

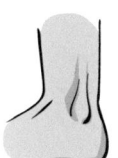

пета

ایڑھی

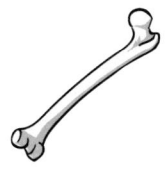

кост

ہڈی

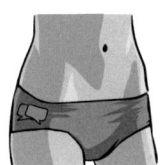

хълбок

کولہا

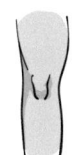

коляно

گھٹنا

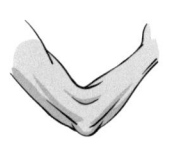

лакът

کہنی

нос

ناک

седалище

نچلا حصہ

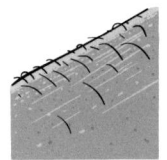

кожа

جلد

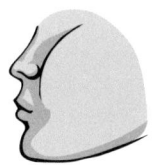

буза

گال

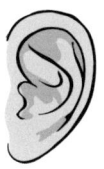

ухо

کان

устна

ہونٹ

уста

مُنہ

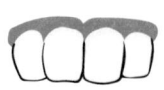

зъб

دانت

език

زُبان

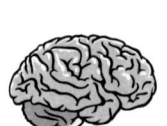

мозък

دماغ

сърце

دل

мускул

پٹھہ

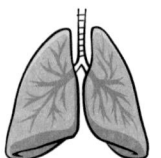

бял дроб

پھیپھڑا

черен дроб

جگر

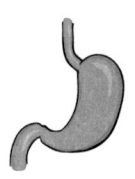

стомах

معدہ

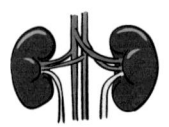

бъбреци

گردے

полово сношение

جنس

кондом

کنڈوم

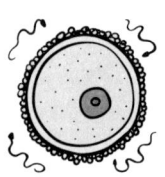

яйцеклетка

بیضہ

сперма

مادہ منویہ

бременност

حمل

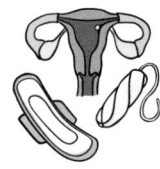

менструация

حیض

вагина

اندام نهانی

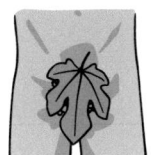

пенис

عضوتناسل

вежда

بهنوین

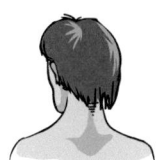

коса

بال

шия

گردن

# болница

## ہسپتال

ہسپتال
линейка
ایمبولینس
инвалидна количка
фрактура
ہڈی ٹوٹنا

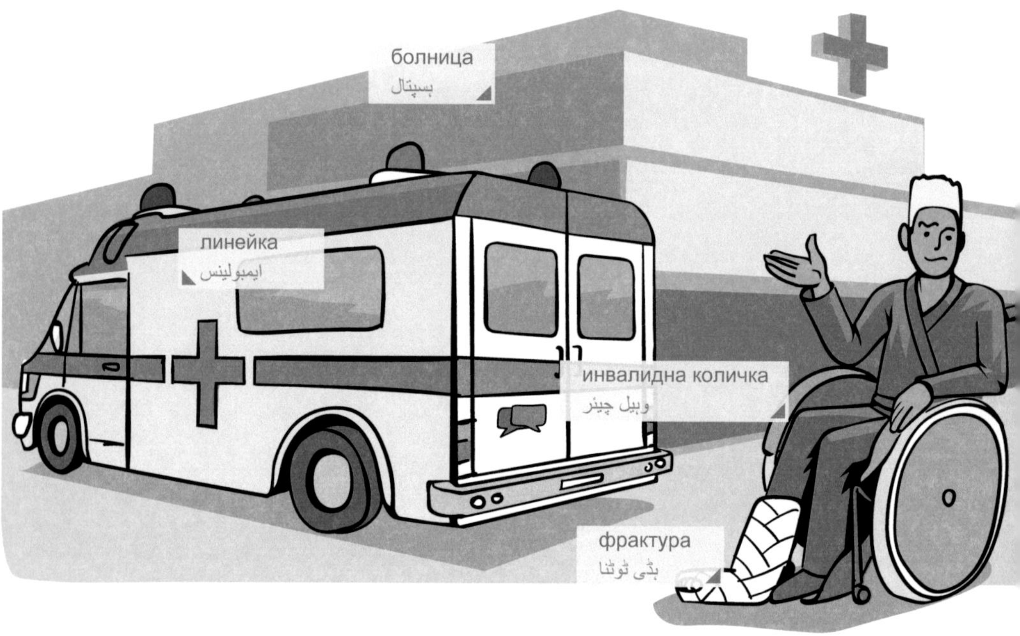

лекар

ڈاکٹر

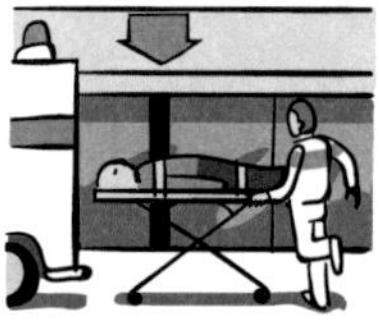

спешна хоспитализация

ہنگامی کمرہ

медицинска сестра

نرس

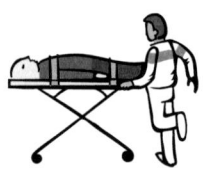

спешен случай

ہنگامی صورتحال

в безсъзнание

بےہوش

болка

درد

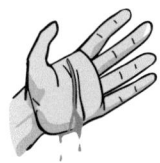

нараняване

زخم

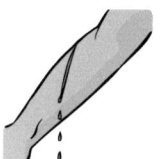

кървене

خون بہنا

инфаркт

دل کا دورہ

инсулт

فالج

алергия

الرجی

кашлица

کھانسی

температура

بخار

грип

زکام

диария

اسہال

главоболие

سردرد

рак

کینسر

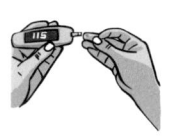

диабет

ذیابیطس

хирург

سرجن

скалпел

نشتر

операция

آپریشن

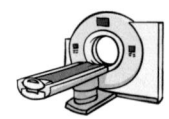

компютърна томография

سی ٹی

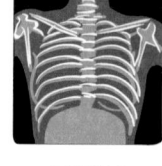

рентген

ایکس رے

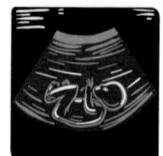

ултразвук

الٹراساؤنڈ

маска

چہرے کا نقاب

болест

بیماری

чакалня

انتظارگاه

патерица

بیساکھی

пластир

پلاسٹر

превръзка

پٹی

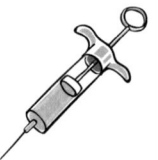

инжекция

انجکشن

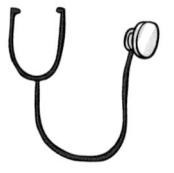

стетоскоп

اسٹیتھواسکوپ

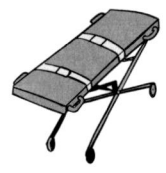

носилка

اسٹریچر

термометър

مطبی تھرما میٹر

раждане

پیدائش

наднормено тегло

حد سے زیادہ وزن

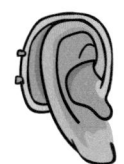

слухов апарат

آلہ سماعت

дезинфекционно средство

جراثیم کش

инфекция

انفیکشن

вирус

وائرس

HIV / AIDS

ایچ آئی وی/ ایڈز

медицина

دوا

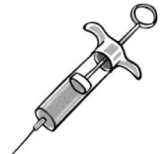

ваксинация

ویکسی نیشن

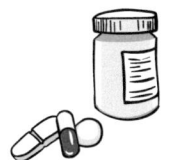

таблети

گولیاں

противозачатъчна
таблетка

گولی

спешно телефонно
обаждане

ہنگامی کال

апарат за измерване на
кръвното налягане

بلڈ پریشر مانیٹر

болен / здрав

بیمار / صحت‌مند

# спешен случай

## ہنگامی صورتحال

Помощ!

مدد!

сигнал за тревога

الارم

нападение

مُجرمانہ حملہ

атака

حملہ

опасност

خطرہ

авариен изход

ہنگامی راستہ

Пожар!

آگ!

пожарогасител

آگ بُجھانےوالہ آلہ

злополука

حادثہ

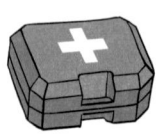

комплект за оказване на първа помощ

ابتدائی طبی امداد کی کٹ

SOS

ایس او ایس

полиция

پولیس

# Земя

# زمین

Европа

یورپ

Северна Америка

شمالی امریکہ

Южна Америка

جنوبی امریکہ

Африка

افریقہ

Азия

ایشیا

Австралия

آسٹریلیا

Атлантически океан

بحراوقیانوس

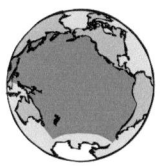

Тихи океан

بحرالکاہل

Индийски океан

بحرہند

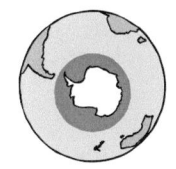

Южен ледовит океан

بحرقُطب جنوبی

Северен ледовит океан

بحرقُطب شمالی

Северен полюс

قُطب شمالی

Южен полюс

قُطب جنوبی

Антарктида

انٹارکٹیکا

Земя

زمین

суша

زمین

море

سمندر

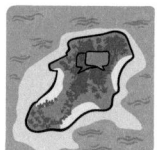

остров

جزیرہ

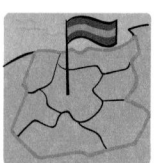

нация

قوم

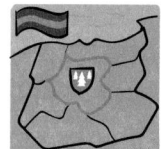

държава

ریاست

# часовник

## کلاک

циферблат

کلاک کا سامنےکا حصہ

стрелка на часовете

گھنٹوں والی سوئی

стрелка на минутите

منٹوں والی سوئی

стрелка на секундите

سیکنڈ ہینڈ

Колко е часът?

کیا وقت ہوا ہے؟

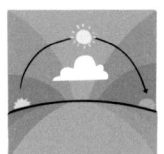

ден

دن

време

وقت

сега

اب

дигитален часовник

ڈیجیٹل گھڑی

минута

منٹ

час

گھنٹہ

# седмица

## ہفتہ

понеделник
سوموار
вторник
منگلوار
TU
сряда
بدھوار
четвъртък
جمعرات
TH
петък
جمعہ
събота
неделя
اتوار

вчера

گزرا کل

днес

آج

утре

کل

сутрин

صبح

обед

دوپہر

вечер

شام

работни дни

کاروباری دن

уикенд

ہفتے کا اختتام

дъжд
بارش

дъга
قوس قزح

вятър
ہوا

сняг
برف

пролет
بہار

лято
موسم گرما

есен
خزاں

зима
موسم سرما

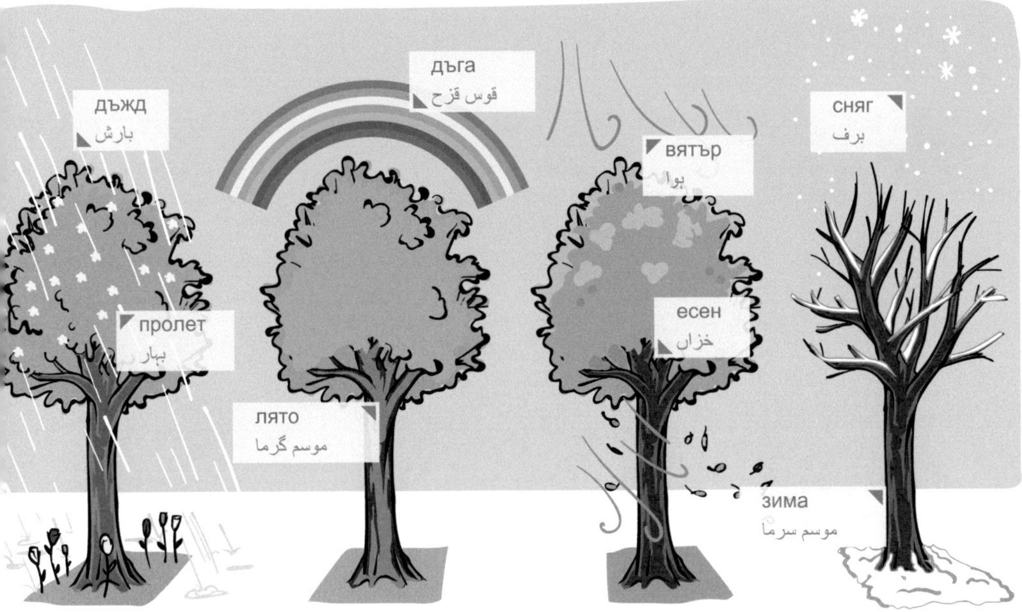

прогноза за времето

موسمی پیش گوئی

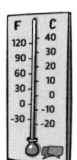

термометър

تھرما میٹر

слънчева светлина

دھوپ

облак

بادل

мъгла

دُھند

влажност на въздуха

حبس

светкавица

بجلی کوندھنا

гръмотевица

بادلوں کی گرج

буря

طوفان

градушка

ژالہ باری

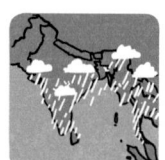

мусон

مون سون

наводнение

سیلاب

лед

برف

януари

جنوری

февруари

فروری

март

مارچ

април

اپریل

май

مئی

юни

جون

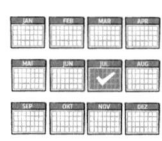

юли

جولائی

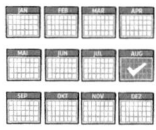

август

اگست

септември

ستمبر

октомври

اکتوبر

ноември

نومبر

декември

دسمبر

# форми
# اشكال

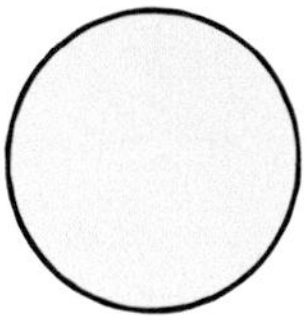

кръг

دائره

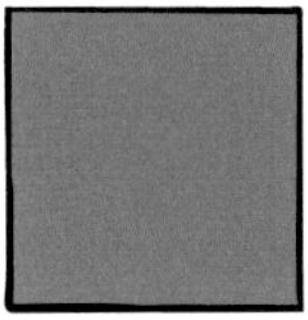

квадрат

چوکور

четириъгълник

مُستطیل

триъгълник

تکون

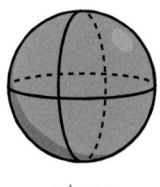

сфера

گره

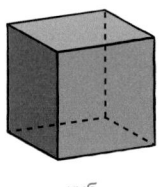

куб

مکعب

# цветове

# رنگ

бял

سفید

жълт

پیلا

оранжев

نارنجی

розов

گلابی

червен

سُرخ

лилав

جامنی

син

نیلا

зелен

سبز

кафяв

بهورا

сив

مٹیالا

черен

سیاه

# противоположности

## مخالف

много / малко

بہت زیادہ / بہت کم

ядосан / спокоен

ناراض / پُرسکون

красив / грозен

خوبصورت / بدصورت

начало / край

آغاز / اختتام

голям / малък

بڑا / چھوٹا

светъл / тъмен

روشن / اندھیرا

брат / сестра

بھائی / بہن

чист / мръсен

صاف / گندا

пълен / непълен

مکمل / نامکمل

ден / нощ

دن / رات

мъртъв / жив

زندہ / مُردہ

широк / тесен

چوڑا / تنگ

ядлив / неядлив

کھانے کے قابل ہونا / کھانے کے قابل نہ
ہونا

сърдит / любезен

بُرا / اچھا

развълнуван / скучаещ

پُرجوش / بوریت کا شکار

дебел / тънък

موٹا / دُبلا

най-напред / най-накрая

پہلا / آخری

приятел / враг

دوست / دُشمن

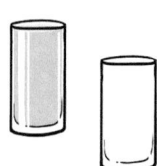

пълен / празен

بھرا ہوا / خالی

твърд / мек

سخت / نرم

тежък / лек

بوجھل / ہلکا

глад / жажда

بھوک / پیاس

болен / здрав

بیمار / صحتمند

нелегален / легален

غیرقانونی / قانونی

интелигентен / глупав

عقلمند / بیوقوف

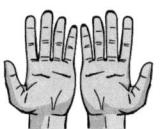

ляво / дясно

بائیں / دائیں

близо / далече

نزدیک / دور

нов / употребяван

نیا / پُرانا

нищо / нещо

کچه نہیں / کچه ہے

стар / млад

بوڑھا / نوجوان

вкл. / изкл.

آن / آف

отворен / затворен

کُھلا / بند

тих / силен (звук)

خاموش / بُلند آواز

богат / беден

امیر / غریب

правилен / погрешен

ٹھیک / غلط

грапав / гладък

کھُردرا / ہموار

тъжен / щастлив

افسرده / خوش

дълъг / къс

مُختصر / طویل

бавен / бърз

آہستہ / تیز

мокър / сух

گیلا / خُشک

топъл / студен

گرم / ٹھنڈا

война / мир

جنگ / امن

# 0

нула

صفر

# 1

едно

ایک

# 2

две

دو

# 3

три

تین

# 4

четири

چار

# 5

пет

پانچ

# 6

шест

چھ

# 7

седем

سات

# 8

осем

آٹھ

# 9

девет

نو

# 10

десет

دس

# 11

единадесет

گیاره

12

двaнадесет

بارہ

13

тринадесет

تیرہ

14

четиринадесет

چودہ

15

петнадесет

پندرہ

16

шестнадесет

سولہ

17

седемнадесет

سترہ

18

осемнадесет

اٹھارہ

19

деветнадесет

انیس

20

двадесет

بیس

100

сто

سو

1.000

хиляда

ہزار

1.000.000

милион

دس لاکھ

# езици

## زبانیں

английски

انگریزی

американски английски

امریکی انگریزی

китайски мандарин

چینی مینڈارین

хинди

ہندی

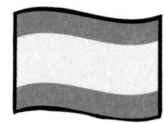

испански

ہسپانوی

френски

فرانسیسی

арабски

عربی

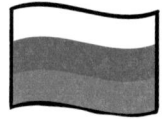

руски

روسی

португалски

پُرتگالی

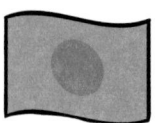

бенгалски

بنگالی

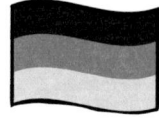

немски

جرمن

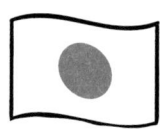

японски

جاپانی

# кой / какво / как

## کون / کیا / کیسے

аз

میں

ти

تم

той / тя / то

وہ (لڑکا) / وہ (لڑکی) / یہ

ние

ہم

вие

تم

те

وہ

кой?

کون؟

какво?

کیا؟

как?

کیسے؟

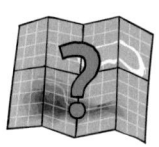

къде?

کہاں؟

кога?

کب؟

име

نام

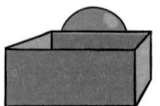

# къде

## کہاں

зад

پیچھے

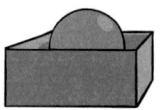

в

میں

пред

کےسامنے

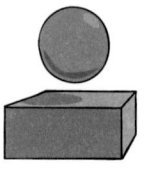

над

اوپر

върху

پر

под

نیچے

до

ساتھ

между

درمیان

място

جگہ